Ihmeellinen salaisuus

Omistuskirjoitus

Omistan tämän kirjan Hänelle, joka on minut tähän kutsunut ja varustanut. Jeesukselle ja Isälle kunnia siitä mitä tämä kirja saa aikaan. Tyhjästä Jumala loi maailmat, koska Hän saattaa olemattomat olemaan.

Ihmeellinen salaisuus

Julkaisutiedot

© 2023 Leo Haarnio

Kannen suunnittelu: Lover of God
Sisuksen taitto: Lover of God

Kustantaja: BoD – Books on Demand, Helsinki, Suomi
Valmistaja: BoD – Books on Demand, Norderstedt, Saksa

ISBN: 978-952-80-2636-5

Sisällysluettelo

Tyhjä sivu

SALATTU, MUTTA AVATTU

Tämän kirjan tarkoituksena on auttaa uskovia ihmisiä tajuamaan taivaan todellisuus ja opettaa heitä vaeltamaan totuudessa. Elämme vajavaisessa ajassa ja maailmassa, missä kaikki ei ole täydellistä ja ongelmia ilmenee aina vain enemmän. Ratkaisu tähän on Jeesus Kristus, Jumalan Poika, joka teki meidät uusiksi. Voimme yrittää suhtautua maailman langenneeseen tilaan positiivisesti tai negatiivisesti, mutta ilman uskoa ikuiseen elämään se on turhaa. Jeesuksen silmin näemme, että kaikki on todellisuudessa hyvin. Sota on voitettu ristillä Jeesuksen veren kautta, mutta nyt jokaisen pitää voittaa oma taistelunsa lihaa ja paholaista vastaan. Meidän tulee sanoa "ei" lihan himoille ja maailmalle. Se, joka rakastaa maailmaa ei voi rakastaa Jumalaa. Jumala on mustasukkainen meistä, Hän ei tahdo maailman saavan meitä, vaan on ostanut meidät täysin itselleen. Hän maksoi täyden hinnan ilman tinkimistä. Hintaan on mukaan luettu kaikki maailman ihmiset. Lunastus ei koske marssilaisia tai muitakaan olentoja. Jeesus kuoli ihmisenä ihmisten puolesta. Pahat Henget eivät voi ikinä katua tai pelastua.

Takeena sille, että Jeesus on todella ylösnoussut, on Pyhän Hengen vuodatus. Hengen vuodatus on todisteena siitä, että Jeesus pääsi Isän luokse ja lähetti meihin lupaamansa Hengen. Kaikkien uskovien tulisi olla Pyhällä Hengellä

7

täytettyjä, jotta Jumala saa täyden kontrollin elämästämme ja pystyy puhumaan meille.

Täyttyminen voi tapahtua kätten päälle laittamisella tai ihan vain sanomalla ääneen, että "Täytä Jeesus minut Pyhällä Hengellä, antaudun sinulle ja teen sinusta Jeesus elämäni Herran, ja otan vastaan lupaamasi Pyhän Hengen". Tarkoita tätä koko sydämestäsi ja usko ottaneesi vastaan Pyhä Henki. Raamatusta voimme huomata. että melkein aina kun ihmiset täyttyivät Hengellä he alkoivat puhua kielillä. Tee sinä samoin. Jumala ei pakota sinua avaamaan suutasi, vaan sinun on tehtävä se itse, Hänen antamallaan voimalla.

Henki mahdollistaa sen, että voimme vaeltaa Jumalan totuudessa ja olla kuuliasia Hänelle. "Emmehän me tiedä miten tulisi rukoilla, mutta Henki auttaa meitä huokauksilla, jotka ovat liian syviä sanotettaviksi", näin sanoo Raamattu Roomalaiskirjeessä 8:26. Pyhän Hengen hedelmistä näemme, että Hän on todellinen. Yksi hedelmä on se, että ihminen muuttuu sisäisesti. Uskoon tullessa, mitään fyysistä muutosta ei voi nähdä paitsi sen, että silmistä loistaa elävä katse. Sisäistä muutosta ei voida todeta laboratoriossa, mutta ystävistä näet millaiseksi olet muuttunut. Kohteletko toisia niin kuin haluaisit itseäsi kohtelevan? Oletko lempeä ja rakastava? Annatko anteeksi vihamiehillesi ja rukoiletko heidän puolestaan?

Muutos ei välttämättä tapahdu hetkessä, niin kuin lapsikin kasvaa vuosi vuodelta. Täydelliseen kypsyyteen menee aikaa emmekä ole täydellisiä, mutta se ei poista sitä, etteikö kannattaisi tavoitella mahdollisimman rakastavaa luonnetta. Rakkaus ei tee lähimmäiselleen mitään pahaa, mutta jos todella rakastat jotakuta niin kerrot Hänelle totuuden, koska rakkaus myös kurittaa, jotta päästäisiin parhaaseen lopputulokseen.

Rukous: Kiitos Herra tästä lukijasta ja hänen halukkuudestaan oppia lisää sinusta. Siunaa Herra tätä ihmistä kaikella hyvyydelläsi. Jeesuksen nimessä, jokainen lukija on vapautunut vihollisen vallasta ja saa alkaa elämään yltäkylläistä elämää.

HENKI!

Yksi kolmannes sinusta ei ole elossa ennen kuin otat vastaan Pyhyyden Hengen. Mikään materiaalinen asia tai sielullinen asia ei voi täyttää sinua täysin, koska Sinä olet Henki. Sen takia rikkaimmatkaan ihmiset eivät ole iloisia ja tyytyväisiä kaiken paljouden keskellä. Sinun on ehkä vaikeaa ymmärtää puhetta Hengestä, mutta se onkin pointtina, että askel kerrallaan alat ymmärtää Henki maailmaa. Hyvin arkiset teot ovat hengellisiä, kuten ihmisten auttaminen. Jumalan lapsia ovat ne, jotka vaeltavat, joka päivä Hengessä ja Hengen johdattamina. Maailmassa on monia henkiä ja vain ne, jotka tunnustavat Jeesuksen olevan lihaan tullut Herra ovat Jumalasta.

Seuraa uudistetun omantuntosi ääntä ja raamatun opetuksia ja kuulet Jumalan äänen. Jumala voi puhua kenelle vain koska tahansa, mutta pääperjaatteena ensin meidän tulee seurata jo annettuja ohjeita raamatussa, kun odotamme Hänen puhuvan meille henkilökohtaisista asioistamme. Meidän tulee olla paikassa, jossa kuulemme Hänen äänensä.

Pyhä Henki on henkimaailman johtaja, koska Hän on kaiken luoja. Nyt Hän asuu sinussa, uudestisyntyneessä kristityssä. Pyydä Jumalalta johdatusta, että löydät alueeltasi hyvän seurakunnan, jossa voit käydä ja ylistää Jumalaa yhdessä muiden kanssa. Jumala tahtoo, että kaikki kristityt ovat "samalla sivulla" ja voivat olla yhtämieltä. Yhteisessä rukoiksessa on paljon voimaa ja siellä missä kaksi tai kolme ovat koolla siellä Jeesus on heidän keskellään Matteuksen evankeliumin 18 luvun mukaan.

Anna elämäsi Jeesukselle kokonaan. Antaudu Hänen käsiinsä. Jumala kannattelee meitä käsivarsillaan, jotka eivät koskaan väsy. Hän ei nuku eikä irrota katsettaan meistä. Jumala on aina läsnä, vaikka emme sitä aina tuntisi. Iäti Hän on uskollinen, sillä omaa olemustaan Hän ei voi kieltää.

Olet jo riittäviin kokeillut omia teitäsi. Anna nyt tiesi rakastavan Isän haltuun ja Hän pitää sinusta huolen. Muista mitä hyvää Hän on sinulle tehnyt antamalla sinulle elämän. Hänen lupauksensa yltäkylläisestä elämästä pätee vain, jos heittäydyt Hänen jalkojensa juureen. Hän sanoo myös niille, jotka voittavat eli sinulle "istukaa viereeni valtaistuimelle, olenhan tämän paikan teille lunastanut" (Joh ilm:3).

MITÄ VAILLA?

Oletko avun tarpeessa? Jeesus on auttajasi. Oletko huolissasi? Hän kantaa huolesi, kun annat ne hänelle. Hänen perspektiivinsä asioista muuttaa huolesi pieniksi. Tulethan hallitsemaan Hänen kanssaan koko ikuisuuden olkapää olkapäätä vasten.

Oletko sairas? Hän on parantajasi. Hän lähetti Sanansa ja se paransi sinut. Hänen haavojensa kautta me olemme parantuneet. Jo aikojen alussa Hän valmisti meille tien ja pelastuksen Jeesuksessa.

Käy läpi kirjoituksia, joissa mainitaan parantuminen ja terveys. Tee ne fyysiset asiat mitä pystyt ja rukoile johdatusta siihen mitä vitamiineja sinun kuuluisi ottaa ja miten muokata ruokavaliota ja elämäntapoja terveellisimmiksi.

TULI

Saarnaa tulesta käsin! Kuumuus tuo käärmeet esiin. Mikään vihollisen voima ei ole meitä vahingoittava. Me olemme saaneet vallan ja voiman Jeesuksen kautta. Jumalalta tuleva rohkeus auttaa meitä todistamaan Hänestä kaikkialla, olimme sitten työpaikalla tai koulussa.

Raamatussa on monia profetioita, jotka ovat jo tapahtuneet ja ne ovat kuvanneet eri aikakausia ja tapahtumia. Voit löytää myös itsesi raamatusta ja ottaa raamatun sanan ja profetion todesta, kuten "Älä pelkää, Minä olen sinut nimeltä kutsunut, sina olet Minun" (Jes 43:1). Kun olet saanut profetian joltakin eli ennustuksen siitä mitä Jumala tahtoo tehdä kauttasi niin sinun täytyy taistella sen toteutumisen puolesta. Taistelu on Herran, mutta myös sinun täytyy tehdä oma osasi. Älä vain istu tekemättä mitään, vaan sillä aikaa kun odotat Jumalaa niin palvele Häntä eli palvele lähimmäisiäsi. Vietä aikaa Herran kanssa kahdenkesken ja kehitä suhdettasi Hänen kanssaan. Hän ei koskaan ole myöhässä! Hänen ajoituksensa on täydellinen, joten odota sitä kärsivällisesti. Jokainen mahdollisuus ei aina ole Hänestä, vaan sinun täytyy tunnistaa Hänen tahtonsa kyseisessä asiassa. Yleensä ihminen kuulee vain sen minkä haluaa, joten täytyy olla varovainen, kun kysyy Jumalalta jotain ettei itsellä ole jo päätöstä mielessä, vaan tahto taipua Jumalan tahdon alaiseksi.

SIUNAUS

Ota vastaan Jumalan koko siunaus. Jumala tahtoo auttaa meitä aina, mutta monesti me emme osaa ottaa vastaan Hänen lahjojaan. Asenteen täytyy olla kohdallaan. Jokainen isä tahtoo antaa parasta lapselleen. Mieti sitä. Sinä et ole poikkeus, Jumalalla on enemmän kuin tarpeeksi annettavaa sinulle, sinusta pitää vain tulla hyvä vastaanottaja. Jumalan tahto on, että me voimme antaa omastamme eteenpäin ja näin lahjojen vastaanottamiselle ei tule estettä, vaan se jatkuu koko ajan. "Kenelläkään ei ollut liikaa eikä kenelläkään liian vähän" sanotaan Raamatussa.

Jumala ei lähetä meille mitään sairauksia, omat pahat tekomme saavat Hänen siunaavan kätensä loittonemaan meistä, jolloin paholainen tulee väliin ja tuo mukanaan kirouksia. Sairaudet ovat osa kirousta, jonka Jeesus on tullut sovittamaan. Kun uskomme, että syntimme ovat anteeksi annetut Jeesuksen veressä niin uskomme myös. että sairaudet on voitettu ja, että Hänen haavojensa kautta me olemme parantuneet (Jes 53:5). Jumala on lähettänyt sanansa (Jeesuksen) ja se on parantanut meidät. Uskotko tämän?

Kaikkivaltias Jumala sanoo kaikessa auktoriteetissaan "Tule terveeksi!" Kuvittele näiden sanojen menevän sisällesi parantavana voimana ja ala näkemään itsesi terveenä, vaikka fyysistä muutosta ei heti näkyisi. Totuus on se, että me olemme parantuneet. Fakta voi olla se, että kipua vielä on hetkellisesti, mutta totuus voittaa ja on jo voittanut. Niin kuin ihminen ajattelee niin hän on. Ajatukset ohjaavat meitä ja voivat muokata ympärillä olevaa maailmaa uskon voimalla. Sanat ovat todella tärkeitä ja niiden mukaan meidät tuomitaan. Älä anna vastustajalle voimaa sanomalla "olen aina myöhässä" tai "no minä nyt olen aina huono kaikessa". Meidän pitää puhua siitä minne olemme menossa eli päämäärästämme. Sanoilla Jumala loi maailmat ja sanoillamme on suuri voima. Pidä kielesi kurissa ja puhu siitä miten tahdot asioiden olevan.

RAKKAUS

Ihminen etsii jatkuvasti täyttymystä ja rakkautta maallisista asioista, kuten ihmissuhteista ja tavaroista, mutta Jumala puhui minulle ja sanoi etten olisi täyttynyt vaikka saisin kaikki haaveilemani asiat, vaan ainostaan Hän pystyi täyttämään sydämeni kaipuun päivittäin. Joka päivä haluan saada lisää Häntä ja Hänen rakkauttaan sydämeeni, kehooni ja henkeeni. Hänen rakkautensa on loppumaton niille, jotka rakastavast Häntä. Tulemme aina vaan saamaan enemmän ja enemmän Hänen rakkauttaan, koska se on loppumaton. Syvempi kuin meri ja pidempi kuin avaruus on Hänen rakkautensa. Hän jahtaa meitä rakkaudessaan. Hän on voittanut minut rakkaudessaan. En voinut tehdä muuta kuin antautua ja antaa Hänelle kaikkeni. Aikani, tapani, persoonani ja haluni. Hän on sen arvoinen. Ikinä en tule katumaan hetkeäkään Hänen kanssaan vietetystä ajasta. Hän on ikuinen kuninkaamme ja me olemme Hänen omiaan.

Tämä omistussuhde tekee meistäkin Pyhiä niin kuin Hän on Pyhä. Tämä hetkinäinen vajavuuden aika ei ole mitään verrattuna siihen mitä me ikuisuudessa saamme kokea ja olla. Kristittynä oleminen on sen arvoista. Vaikka se maanpäällä on itsensä kieltämistä ja kuolemista omille haluille niin se antaa todellisen elämän. Oikeastaan olemme jo siirtyneet kuolemasta elämään toteuttamaan niitä hyviä tekoja, joita Hän on meidät tarkoittanut tekemään (Ef 2:10). Tahdon olla niin täynnä Hänen rakkauttaan, että se vuotaa minusta yli muihin ihmisiin. Ota vastaan Hänen rakkautensa. Äläkä kiireessäsi unohda, että Hän rakastaa sinua enemmän kuin sinä itse rakastat Häntä.

Rakasta Herraa Jumalaasi koko sydämestäsi, sielustasi ja ruumiistasi ja lähimmästä niin kuin itseäsi niin täytät koko lain. Kahteen käskyyn tiivistyy kaikki. Älä unohda yksinkertaisuutta ja lapsenmielisyyttä matkallasi kohti Jeesusta. Hän on kanssasi ja pitää sinusta huolen. Heitä Hänen päällensä huolesi ja Hän on ne jo kantanut. Hänen luonaan valtaistuimella on vain vastauksia, ajattele itsesi sinne istumaan Hänen kanssaan. Koska niille, jotka kestävät Hän antaa vallan istua Hänen kanssaan valtaistuimella. Meidät on istutettu taivaallisiin paikkoihin Jeesuksessa kristuksessa (Ef 2:6).

Anna Hänen voittaa sinut, rakkaudellaan. Antaudu! Kaikki hyvä on Hänestä lähtöisin. Sano Hänelle "kaiken hyvän, minkä minusta löydät on tullut Isä sinulta". Jumala saa takaisin sen minkä on antanut, Hän saa meidän vilpittömän ylistyksen. Eihän ole Hänen kaltaistaan toista. Jeesus on ylitse muiden. Hänen rinnallaan kaikki kalpenevat eikä kukaan voi nostaa päätään.

DRAAMA VAPAA

Inhoan draamaa, mutta elämässä kaikille sitä joskus sattuu. Jumala kuitenkin auttaa omiaan, jos vain vaellamme Hänen poluillaan. Jumala auttaa ettei elämäämme tule turhaa draamaa, joka vie meidän keskittymisemme. Kun elämässä sattuu asioita eli draamaa niin huomiomme siirtyy siihen maalliseen asiaan ja on vaikeampaa rukoilla ja keskittyä Jumalaan. Jumalan tahto on ettei meillä olisi huolia, vaan että voisimme elää rauhassa. Hänen äänensä estää meitä ajautumasta tilanteisiin, jossa esiintyy draamaa, jos vain olemme paikassa, jossa voimme kuulla Hänen äänensä.

Jumala puhuu kokoajan, mutta me harvoin vastaanotamme Hänen puhettaan. Jopa, kun Jumala sanoo "Ei" niin se on meidän parhaaksemme. Hän tietää kaiken lopputuloksen ja neuvoo meitä. Joskus Hänen ohjeensa eivät käy järkeemme, vaan tarvitaan uskon askelta, jotta voimme liikkua oikeaan suuntaan.

Salainen paikka, jossa vietät aikaa Jumalan siipien alla estää sinua ajautumasta draamaan, koska voit kuulla Hänen äänensä tässä rukouksen paikassa. Kun viivyt Jumalan läsnäolossa rukouksessa niin rukouksen jälkeen Hän kulkee kanssasi ja voit pitkin päivääsi kuulla Häntä. Hiljennä muut maailman äänet niin kuulet. Keskity vain Häneen ja korvasi ovat oikealla taajuudella. Usein Hänen äänensä on raamatun sana ja sanassa, mutta usein tunnet sisäistä rauhaa, kun päätät tehdä jotain tai mennä jonnekkin, kun olet esittänyt Jumalalle kyseisen asian. Jumala ei ole kaukana, vaan lähempänä kuin oma henkäyksesi. Tahdotko kuulla Häntä? Oletko valmis tekemään, kuten Hän sitten puhuu?

Sielu määrää epäuskovia eikä se voi vastustaa maailman henkeä. Sielu eli mieli, halut ja tunteet ohjaavat silloin ihmistä. Oikeasti syvin identiteettisi ei ole sielu, vaan henki. Henki herää eloon, kun tulee uskoon. Joka päivä sielusi pitää valita totella joko ruumista tai henkeä. Missä kaksi on koolla siellä Herra on myös eli, jos sielusi ja Henkesi ovat yhtä mieltä niin voit ohjata koko ruumistasi oikeaan suuntaan Jumalan avulla. Uudista mieli Jumalan sanalla äläkä mukaudu maailman menoon.

MUUTOS

Tulee päivä, kun sinun on valittava maailman ja Jumalan väliltä. Ollessaan 40-vuotias Mooses kieltäytyi nauttimasta Egyptin tarjoamia rikkauksia ja jakoi mielummin oman kansansa kärsimykset. Sinullakin on vapaa tahto sanoa maailman tarjoamille asioille "Jo riittää". Enää en havittele maailman rikkauksia, vaan palvelen mielommin Kristusta Jeesusta, joka luopui omastaan ja tuli orjan kaltaiseksi, jotta voisi lunastaa meidät orjuudesta vapauteen. Mieti mistä kaikkivaltias Jumala luopui sinun vuoksesi, ainoasta pojastaan. Tämän tähden mekin voimme luopua omasta elämästämme, koska Hän on aluksi näyttänyt esimerkkiä, muuten emme pystyisi.

Jumala ei tahdo kenenkään "pakko rukoilevan", vaan että me omasta vapaasta tahdostamme tulemme Hänen eteensä. Hän halajaa meitä, mutta ei loukkaa tahtoamme pakottamalla. Rakkaus voi tapahtua vain vapaasta tahdosta, ei pakosta.

Niin kuin Jumala näkee Jeesuksen Hän näkee sinut, koska olet Hänen pojassaan ja Isässä. Hänen läsnäolossaan ei ole pyrkimyksiä, et voi ansaita jotain, mikä on lahjaksi annettu, vastaanottaminen on tärkeämpää.

On hyvä sanoa Jumalalle, että minulle riittää vain se, että saan olla lähellä Sinua Herra. Minun ei tarvitse olla suurten väkijoukkojen edessä saarnaamassa. Silloin Herra näkee asenteesi oikeaksi ja voi asettaa sinut siihen paikkaan, johon Hän haluaa. Jumala tahtoo käyttää sinua suuresti ja osoittaa kirkkautensa kauttasi. Sinun pitää vain olla valmis luopumaan kaikesta koko ajan, jotta Hän näkee oikean asenteesi. Meidän tulee ensimmäisiksi miellyttää Jumalaa eikä ihmisiä.

RUKOUS

Rukoilun tulee olla iloinen kohtaaminen Jumalan kanssa, eikä pakollinen toimenpide. Ajavietto luo ystävyyssuhdetta. Kun rukoilet, muista ettei se ole vain kaavamaista toistoa. Rukouksen tulee lähteä kaipaavasta sydämestä. Vuodata sydämesi Herralle ja usko, että Hän kuulee. Keskitä ajatuksesi Jeesukseen ja Isään.

Päämäärä on siinä, että haluan oppia tuntemaan Hänet, joka on meidät luonut. Rukouksessa pääsen lähenemään Häntä, aivan kuin ystävyyssuhteetkin syntyvät siitä, että vietämme aikaa ystävän kanssa. Ajanvietto on urhaus, siinä uhraamme aikaamme ja osoitamme välittävämme toisesta. Aikaa ei voi ostaa.

Jotta voin joskus avata suuni muiden ihmisten edessä ja kertoa heille Jeesuksesta, minun tulee sulkea suuni Jumalan edessä ja kuunnella Häntä. Rukouksessa on hyvä osata olla hiljaa ja vain kuunella mitä Isä tahtoo puhua. Vaikka Hän olisi hiljaa niin se on aivan yhtä voimakasta kuin Hänen puheensa. Kuitenkin Jumala puhuu aina ja meidän syymme on, että emme kuule Hänen ääntänsä. Myös vastustaja häiritsee Hänen äänensä kuulemista, mutta vastustamme vastustajaa uskossa lujina, sillä suurempi on se, joka on meissä kuin se mikä on maailmassa (1. Joh 4:4). Maailmassa on monia ääniä. On lihamme ääni, vastustajan ääni ja Jumalan ääni. Lihani huutaa huomiota ja ruokaa. Vastustajan ääni on aina kiireinen ilman rauhaa tai liian toimeton siten, että "huomennakin on aikaa", vaikka todellisuudessa tänään on hyvä tehdä tämän päivän asiat, eikä olla laiska. Jumalan ääni on Hengessämme pieni ja hiljainen, mutta täynnä rauhaa, vaikka välillä se myös korjaa suuntaamme oikeaan päättäväisesti. Raamatun sanasta opit tunnistamaan Jumalan äänen. Sanan äärellä vietetty aika ei meine hukkaan.

Jumalan kanssa vietetty aika on kaikkein tärkeintä. Itse teen sen näin. Asetan päivittäin tunnin aikaa, jolloin sulkeudun huoneeseen ilman häiriötekijöitä. Puhelimesta voi laittaa hälytyksen, jos pitää lähteä sovittuun aikaan jonnekkin. Parempi olisi, kun aikaa olisi tarpeeksi. Lyhyemmästäkin ajasta voi aloittaa ja sitten pidentää aikaa. Suljen silmäni ja keskityn vain mielessäni Jeesukseen. Kuvittelen Hänet aivan vierelleni ja alan purkamaan sydäntäni Hänelle, jotta voisin olla kevein mielin Hänen edessään. Annan myös anteeksi kaikille ja pyydän itselleni anteeksiantoa ja kiitän siitä. Sitten hiljenen ja odotan Hänen ääntänsä. Jotkun raamatun lauseet saattavat nousta mieleen ja mietiskelen niitä mielessäni tai luen kappaleita raamatusta. En anna minkään ajatuksen häiritä keskittymistäni, vaikka mahani kurnisi tai tekemättömät tehtävät nousisivat mieleen. Vangitsen kaikki ajatukseni kuuliaisiksi Kristukselle. Pikkuhiljaa huomaamattani olen siirtynyt prosessissa lähemmäs Jumalaa ja pian huomaan olevani Hengessä, kun kyyneleistä tulee sanani. Silloin, jokaisella sanomallani sanalla on merkitys ja todella tarkoitan sitä mitä sanon Jumalalle ja puhun koko sydämestä. Tätä ennen sanoillani ei ollut painoarvoa, mutta nyt olen murtuneessa tilassa ja tiedän, että Jumala kuulee ääneni. Aina Jumalan ääni ei kuulu selvänä heti, mutta silti pitää elää uskossa, että kuulee Hänen äänensä, koska Hän tahtoo, että kuulemme. Joskus kun olen lähtenyt päivän askareisiin rukous hetken jälkeen saatan kuulla Hänen äänensä yllättäen ja tietää vastauksen mieltäni arveluttaneeseen asiaan.

Tätä toistan päivästä päivään ja vuodesta vuoteen. Harjaantumisen ansiosta voin keskellä väkijoukkoakin sulkea silmäni ja kuulla Hänen äänensä. Meidän pitää hiljentää muita maailman ääniä ja koventaa Hänen ääntänsä elämässämme. Esimerkiksi uutiset eivät saa olla suurin ääni elämässämme, vaikka niitä jokapuolelta löytyykin, sillä monesti uutiset ovat hyvin negatiivisia. Raamatussa Jumala on jo ilmassut tahtonsa suurilta osin ja näinä viimeisinä aikoina Hän on puhunut meille Pojassaan Jeesuksessa (Hep 1:2).

Hengellinen instrumentaalinen musiikki voi auttaa keskittymään rukouksessa, mutta musiikista ei saa olla riippuvainen. Todellinen laulu nousee sydämistämme Herralle ja Hän rakastaa nähdä lastensa iloitsevan koko sydämestään.

Jokapäiväinen rukous lataa akkumme ja saamme yliluonnollista voimaa Jumalalta. Ylistyksemme murtaa esteet ja Jumala pääsee toimimaan elämässämme voimallisesti, kun antaudumme Hänen käyttöönsä.

Ole vapaa rukoilemaan omin sanoin ja muista, että Jumala on ylpeitä vastaan, mutta nöyrille Hän antaa armon (1. Piet 5:5).

RAKKAANI

Jeesus antoi itsensä, jotta voisimme elää yhdessä Hänen kanssaan ikuisesti. Hän on ostanut meidät täydestä hinnasta. Jokainen maahan pudonnut veripisara on ollut osa maksua, jonka Hän maksoi ristillä 2000 vuotta sitten.

Meidän elämämme tulee olla riippuvianen Pyhästä Hengestä, auttajastamme, jonka Jeesus on lähettänyt. Meille oli parempi, että Jeesus meni Isän luokse, koska nyt meidän sisällämme on Isän lupaama Henki. Pyhä Henki on Isän Henki ja vaikuttaa meissä voimallisesti, kun antaudumme Hänelle. Suhteen kehittämisessä menee aikaa, ja niin myös suhteen ylläpitämisessä. Koko elämämme me annamme Hänen käsiinsä, joka antoi henkensä meidän puolestamme. Meidän tulee kuunnella Pyhän Hengen johdatusta ja Hänen hiljaista ääntä sydämessämme. Kun tottelemme Häntä me osoitamme todella rakastavamme Häntä. Joka ei rakasta veljeän, jonka on nähnyt ei voi rakastaa Jumalaa, jota ei ole nähnyt (1. Joh 4:20).

Meidän tulee olla kuuliaisia Jumalan äänelle ja halukkaita tottelemaan Hänen tahtoaan. Joka turvaa elämänsä on sen menettävä, mutta se joka antaa elämänsä alttiiksi on sen saava (Matt 10:39).

Uskovien tulee elää toisten uskovien yhteydessä ja kokoontua ylistämään Isää. Tuemme toinen toistamme ja tämän lopunajan selviämme vain tekemällä yhteistyötä todellisten uskovien kanssa. Yhteisissä rukouksissa on valtava voima ja meidän tulee rukoilla toistemme puolesta. Yhdessä kristityt voivat tunnustaa syntejään toisilleen ja julistaa synnit anteeksiannetuiksi. Kyse ei ole yksilösuorituksesta, vaan tiimi pelaamisesta. Todellinen johtaja palvelee, kuten Jeesus meille opetti, kun Hän pesi opetuslastensa jalat (Joh 13).

Jumala tahtoo käyttää sinua! Pyydä Jumalaa muokkaamaan luonnettasi oikeanlaiseksi, jotta Hän voi käyttää sinua, kun asenteesi on oikea. Sydämen motivaation tulee olla puhdas.

KOOTTUJA AJATUKSIA

Kun rukoilee paljon niin kavereille ei jää paljoa aikaa, mutta Jumalan palveleminen on sen arvoista. Kun ei pakolla yritä ystävystyä ja hankkia kavereita niin Jumala johdattaa meidät oikeiden ystävien luokse, jotka ovat luottamuksen arvoisia. Muutama läheinen ystävä on jo paljon. Kuitenkin Jumala yksin on meille tuhannen ystävän arvoinen! Pyhä Henki on ainut, jonka tahdon koko sydämestäni, onhan Hän sydämeni suurin kaipuu. En tahdo ikinä murehduttaa Häntä, parasta ja ainutta ystävääni, joka on kanssani aina.

Kaikki tietävät kuinka elää itselle, mutta kuka tietää miten elää Jumalalle? Elä Jumalalle ja näe kuinka kaikki haluamasi vilpittömät asiat tulevat luoksesi. Mitä tekisitkään, jos tietäisit ettet voi hävitä? Olet voittajan puolella, Jeesuksella on avaimet kaikkeen.

Herra tahtoo olla sinulle kaikkesi! Älä etsi tyydytystä TV:stä, Hän on sinun ilosi. Hän paljastaa salaisuuksia, jotka ovat mielenkiintoisempia kuin 007 elokuvat. "Huuda minua avuksesi, niin Minä vastaan sinulle ja ilmoitan sinulle suuria ja ihmeellisiä asioita, joista et mitään tiedä", (Jes 33:3). Hän saa sinut purskahtamaan parempaan nauruun kuin komediat konsanaan. Ainoastaan Hän voi täyttää sinut pysyvästi. Mitä etsit viihteestä? Hetken mielihyvää, joka nopeasti kuihtuu. Ole vapaa nauramaan olosuhteillesi. Jumala tahtoo, että olet iloinen ja nautit elämästäsi, mutta ainoastaan Hänen kanssaan voin nauttia elämästä täysin, ilman pelkoja ja huolia. Sydämesi syvin kaipuu on tulla rakastetuksi ja sitä jo olet ja koet sen, kun menet rukouskammioosi kärsivällisesti odottamaan Jeesusta. Todellisuudessa Jeesus odottaa sinua ja tahtoo, että olet tilassa, jossa voit kuulla Hänen äänensä.

Usko on sitä, että näet hengessä Jeesuksen ja sitten teet sen mukaan maapallolla, kun on Hänen hyvä tahtonsa. Voiko uskoa mitata määrässä, kun sinapinsiemenkin verran uskoa siirtää vuoria (Matt. 17:20)? Vuoret ovat elämässäsi niitä asioita, jotka näyttävät ylitsepääsemättömiltä, kuten vaikka sairaus, mutta Jeesuksella on lääke, joka aktivoituu uskosta. Älä syö siementä, joka Jumala on sinulle antanut, vaan istuta se ja näe kuinka kylvö tuottaa satoa. Anna omastasi niin kylvät hyvään maaperään, jonka sato tuottaa satakertaisen tuoton. Anna iloisesti, sillä iloista antajaa Jumala rakastaa, ja Hän sallii sinun hyvyytesi sadon karttua. Kaikki hyvä tulee Herraltamme aina siemenestä lähtien satoon saakka. Kysy Herralta, mitä tahdot, että tänään kylvän?

Kun kysyt Herralta, että mikä on tahtosi, niin tiedä, että sinä olet Hänen täydellinen tahtonsa! Hän loi sinut ja tahtoi, että tulisit tuntemaan Hänet. Hän tahtoo, että opit tuntemaan Hänet ja olemaan se, joksi Hän on luonut sinut olemaan eli Jumalan lapsi. Meillä tulee olla sellainen mieli, kuin Jeesuksella, joka luopui omastaan ja palveli muita. Mitä teetkin tee se koko sydämestäsi ja uskosta Jumalaan. Jumala on tyytyväinen sinuun, Hän näkee sinut Kristuksessa. Ala elämään todeksi Hänen tahtoaan.

Voit käskeä asioita, jotka sinulle uuden liiton kautta kuuluvat tulemaan luoksesi. Jumala ei pidätä asioita sinulta, jos elät nuhteettomasti. Vihollinen pidättää asioita sinulta, jotka Jumala on antanut, vastusta siis vihollista uskossa lujana ja vihollinen pakenee (1. Piet. 5:8-9). Sinulle kuuluu terveys ja toimeentulo. Joskus meidän omat virheemme saavat Jumalan siunaavan käden poistumaan luotamme, jolloin vihollinen tuo sairauksia luoksemme, mutta kun lähestymme Jumalaa niin vihollinen pakenee.

Maailma kaipaa vastauksi elämän tärkeisimpiin kysymyksiin ja meillä on vastaus nimeltä Jeesus Kristus, maailman syntien sovittaja ja ikuinen kuningas. Mitä muiden uskontojen jumalat ovat tehneet puolestasi? Eivät mitään. Muiden uskontojen jumalien nimissä eivät murhamiesten sydämet käänny pahoilta teiltään, ainoastaan Jeesuksen nimessä on yliluonnollista rakkautta kääntää pahimmatkin rikolliset opetuslapsiksi. Jeesus on tosi Jumala.